AF259880

Introduction au Blason
de Armoiries

V

AV LECTEVR.

'IL eſt conuenable, comme il n'en faut pas douter, que toutes les Nations de la terre, ont eu de merueilleux ſoings de rendre recommandables les preuues de leur Nobleſſe par quelque marques d'honneur, ie ne feindray point de dire que la France eſt le Royaume du monde, où les Gentils-hommes, en ont donné de plus ſignalées. Ce que i'eſſayerois de monſtrer en vain, puiſque cette verité ſe rend de ſoy-meſme aſſez manifeſte, par les actions des plus grands hommes des ſiecles paſſez, & par les teſmoignages irreprochables que nous en auons dans l'Hiſtoire. Là ſe voit euidemment, que le temps, quelque puiſſant qu'il ſoit, n'a pû iamais effacer les monumens qui reſtent encore de la vertu des Heros, qui ſera touſiours inuiolable dans les Armes qu'ils ont laiſſées à leurs Succeſſeurs. C'eſt le ſubiet principal qui m'a fait entreprendre l'impreſſion de cét Ouurage, où ſi vous prenez la peine de ietter les yeux, vous verrez qu'il traitte generalement de tout ce qui peut ſeruir à la Nobleſſe d'vne vraye Introduction, & d'vne facile methode, pour apprendre à blaſonner toute ſorte d'Armoiries. Receuez-le doncques, s'il vous plaiſt, d'auſſi bon cœur que ie vous le donne, ſçachant bien que vous y trouuerez dequoy contenter voſtre eſprit, ſoit que vous ayez eſgard à la dignité du ſujet, ou au proffit que tout le monde en peut recueillir, & particulierement la Nobleſſe, qui ſe doit picquer de cette loüable curioſité, plus que le reſte des hommes. Adieu.

BRIEFVE ET SVCCINTE
DESCRIPTION DE L'ARMOIRIE
pour apprendre promptement l'Intelligence d'icelle.

L'Armoirie est vne marque non seulement d'honneur & de Noblesse , mais aussi de souueraineté , la principale & plus digne marque desquels est l'Armoirie, laquelle pour signe inuisible de leur grandeur & authorité souueraine , ils font grauer & insculper dans leurs monnoyes, Enseignes & Banieres de guerre, Bastimens, Edifices & autres lieux remarquables , où elle est tousiours peinte , mise & posée, aux frontispices & lieux plus eminents.

Ceste digne marque a esté anciennement tenuë en tel honneur & respect , que du temps d'Alexandre le Grand, & Iules Cæsar ; Il fut ordonné par expres , que le droict d'honorer & donner Armoiries appartiendroit aux souuerains, chose qui a esté obseruée fort exactement par plusieurs Empereurs, Roys, Princes & Republiques, mais le temps qui produit diuers changemens y a enfin apporté vne grande corruption.

A

Plusieurs Princes & Nobles, deſirant ſçauoir comment les vaſſaulx & ſubiects ſe porteroient vaillamment en faicts d'Armes, afin de recompenſer chacun ſelon ſes merites, ordonnerent qu'on leur feroit d'eſcrire afin d'eſclaircir, congnoiſtre, & diſcerner les vertueux d'auec les autres, laquelle deſcription n'eſtoit ſinon vne enſeigne, ce qu'à preſent nous appellons Armes, leſquelles ont eſté aſſignées par leſdicts Princes, non ſeulement aux vaillans hommes, mais auſſi à toute leur poſterité, afin qu'en recordation & memoire de leurs vertus, ils fuſſent plus enclins d'enſuiure les faicts de leurs predeceſſeurs.

Nous aurions beaucoup de choſes treſ-dignes & remarquables à traicter ſur ceſte matiere, qui meriteroit vn long diſcours, que nous laiſſerons pour le preſent pour parler deſdites Armoiries.

DE LA COMPOSITION DES
Armoiries & de leurs parties
principales.

L'Armoirie eſt compoſée de ſept choſes principales, ſçauoir eſt, de deux metaulx & cinq couleurs.

Les metaulx ſont,

Or.

Argent.

Les couleurs ſont,

Gueulle qui eſt rouge ou vermillon,

Azur qui eſt bleuf,

Sable qui eſt noir,

Sinople qui eſt verd,
Pourpre qui eſt compoſé d'Azur & de rouge, de laquelle
couleur on vſe fort rarement en Armoiries.

Les couleurs ſont,

Or

Argent

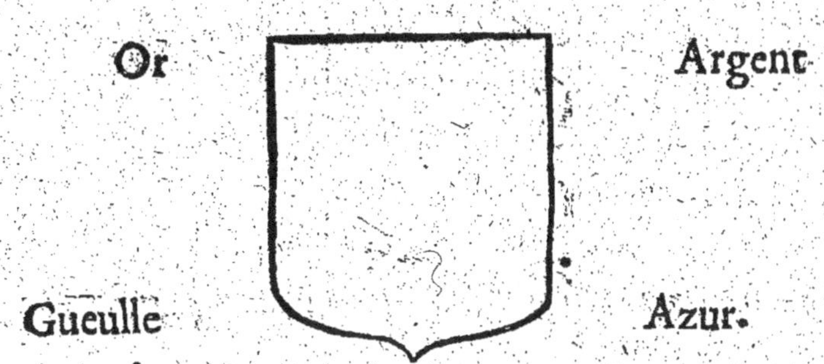

Gueulle

Azur.

Outre leſdits metaux & couleurs, il y a encores en Armoiries deux ſortes de choſes qui ſont appellées Pennes ou
fourreures, qui ſont touſiours d'vn metail & couleur particuliere, la premiere deſquelles eſt appellée Hermines de ſable
comme verrez par le pourtraicts ſoubs peints & figurez.

Sable.

Sable.

La ſeconde eſt appellée vair oū vairé, qui prend ſon nom

de sa figure, qui est vne espece de verre ou pot de verre qui
font toufiours d'argent & d'Azur, voicy les pourtraicts,
Sinople.

Sinople.   Pourpre.

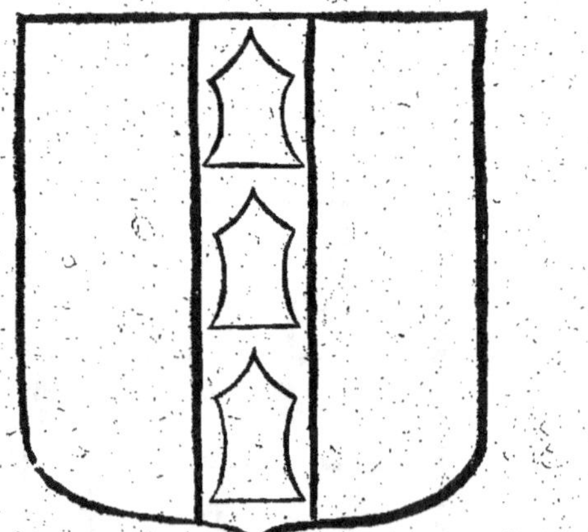

Lesquelles pennes quand on les void en Armoiries
desdits metail & couleur, il ne les faut iamais speciffier, ains
il faut dire simplement, vn tel Seigneur porte d'Hermines,

ou vn tel Seigneur porte de vair, mais quand on les void d'autre metail & couleur, comme il y a grande quantité de Seigneurs qui en portent, il les faut nommer & speciffier par leurs metaulx & couleurs, & dire vn tel Seigneur porte vairé d'vn tel metail & telle couleur, en voicy des pourtraicts.

Vrayes,   Vrayes,

Et vne infinité d'autres sortes & lesquelles Hermines & vairé d'autre metail & couleur que les premieres sont dicts & appellez Hermines ou vairs composez.

DE L'APPLICATION DES
des metaulx & couleurs.

L'application des metaulx & couleurs en Armoiries doit estre telle qu'il ne faut iamais mettre metail sur metail ny couleur sur couleur, car en ce faisant c'est faulseté, mais il faut tousiours metail sur couleur, & couleur sur metail, voicy des figures de l'vn & de l'autre, par le moyen des quelles on cognoiſtra la difference des vrayes auec les fauſſes.

Vrayes.   Fauces.

L'ORDRE QV'IL FAVT
obſeruer pour blaſonner vne Armoirie , c'eſt à dire, déchiffrer tout
ce qui eſt dans vne Armoirie.

Pour blaſonner ou déchiffrer vne Armoirie, il faut obſeruer & bien remarquer tout ce qui eſt en icelle ſans rien oublier , voire iuſques à vn Ongle & becq d'Oyſeau , puis cõmencer par le fond que quelques-vns appellent le champs, puis ſuiure de quartier en quartier , déchiffrant & blaſonnant tout ce qui y ſera contenu ſans rien obmetre , obſeruant l'ordre que verrez par les partitions & diuiſions dont nous parlerons cy-apres.

DES PARTIES ET DIVISIONS
des Armoiries.

Les Armoiries se partissent & diuisent en diuerses sortes selon la quantité des alliances qu'on y veut mettre.

Desdites partitions il y en a quatre principales.
C'est assçauoir,
Party.
Coupé.
Taillé.
Tranché.

Vous verrez cy-apres les figures de chacune desdites partitions.

Party d'Argent de gueulle,

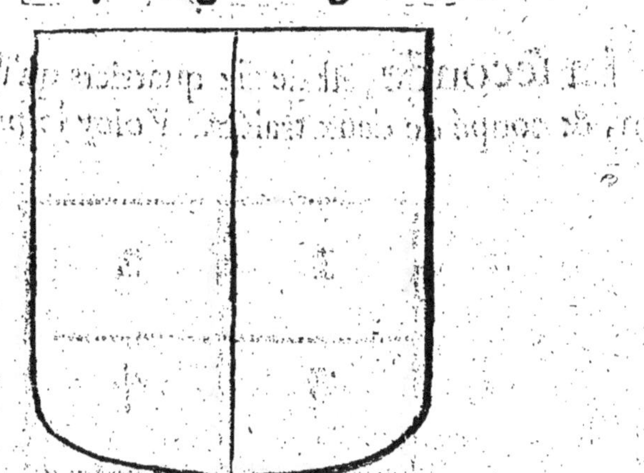

Elles se peuuent diuiser en diuerses sortes & tant qu'on veut, comme l'on verra par les huict figures suiuantes diuisées en diuerses sortes & different nombre, la derniere desquelles est de trente deux quartiers, où l'on peut mettre en chacun quartier vne alliance, voicy la premiere :

La premiere figure est escartellée que l'on peut dire, party & coupé : la voicy,

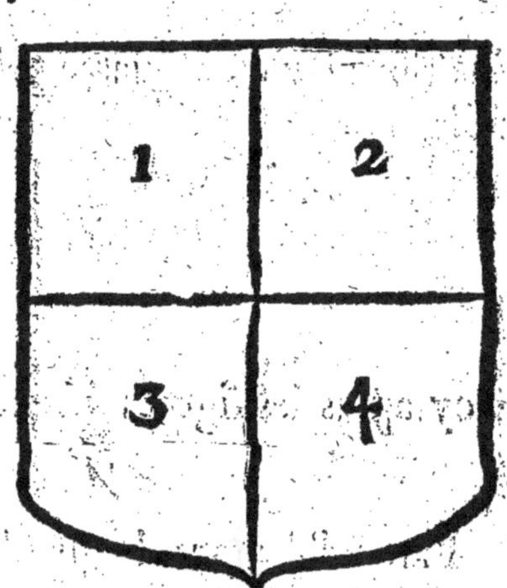

La seconde, est de six quartiers qu'il faut dire party d'vn, & coupé de deux traicts. Voicy le pourtraict,

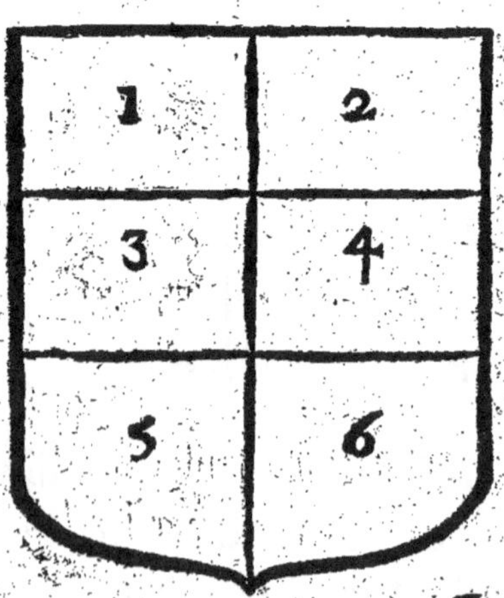

La troisiesme

La troisiefme figure, eſt de huict quartiers qu'il faut dire , party de trois & coupé d'vn, quelques-vns diſent de quatre & ſouſtenu d'autre quatre, voicy le pourtraict,

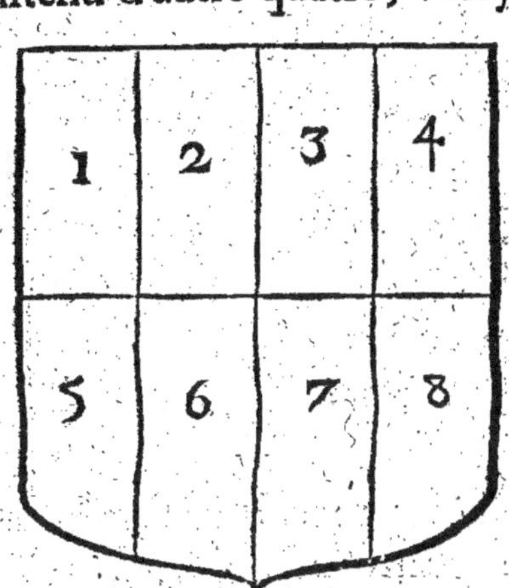

La quatriefme figure, eſt de dix quartiers qu'il faut dire party de quatre & coupé d'vn, voicy le pourtraict,

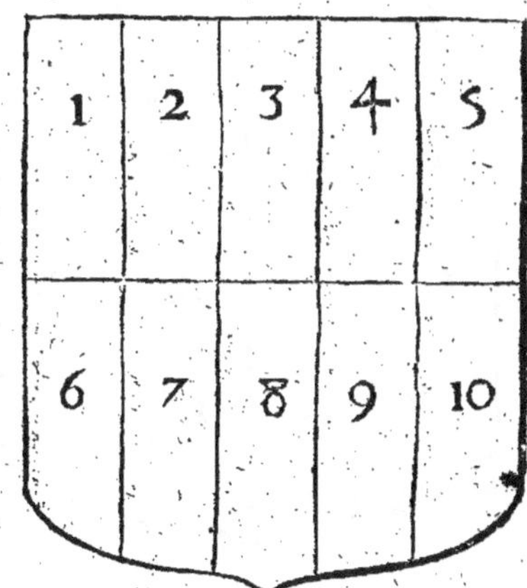

La cinquiefme figure, eſt de douze quartiers, qu'il faut dire, party de trois & coupé de deux traicts, voicy le pour-traict,

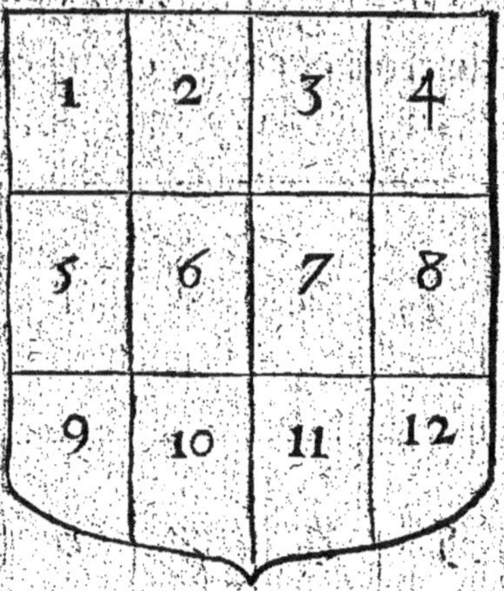

La fixiefme figure eft de feize quartiers, que l'on peut dire écartellé contre écartellé, ou bien party de trois, & coupé d'autre trois, & enchauffé en poincte de l'Efcu : en voicy le pourtraict.

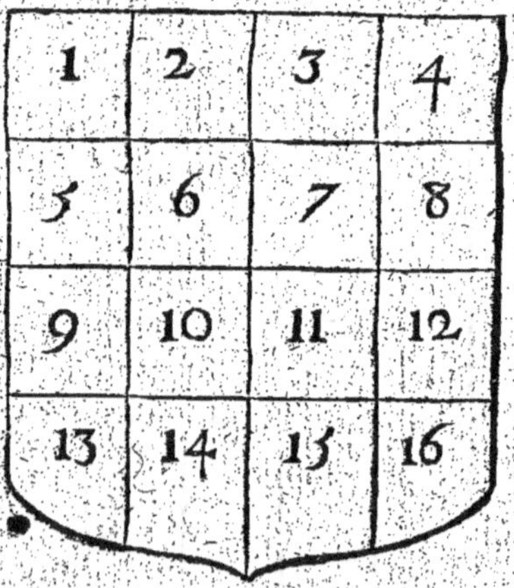

La feptiefme figure eft de vingt quartiers, qu'il faut dire party de quatre & coupé de trois traicts : en voicy le pourtraict.

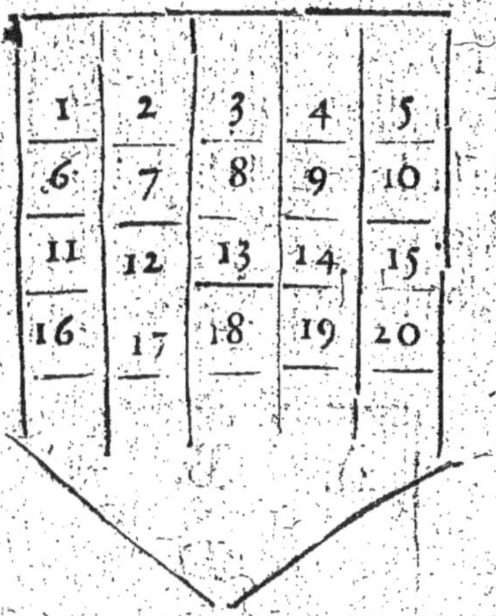

La huictiesme & derniere figure est, de trente deux quartiers, qu'il faut dire party de sept & coupé de trois traicts.

Vous y verrez aussi l'application des quatre Escus qui sont par quelques-vns appellez faux Escus, & par les autres sont prins pour charges. Voicy la figure,

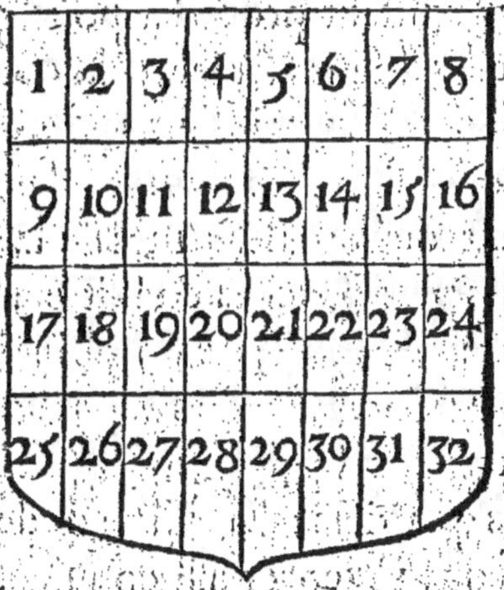

Les poincts ou places principales de l'Escu, sont neuf.

A. B. C. Le premier, second, & troisiesme poinct du chef de l'Escu.

D. Poinct d'honneur.
E. Poinct de la face, ou fesse, ou milieu de l'Escu.
F. Le poinct ou place, dite le nombril, ou bas de la fesse.
G. Poinct de la dextre, de la pointe.
H. La senestre.
I. Poinct, & bas de la pointe.

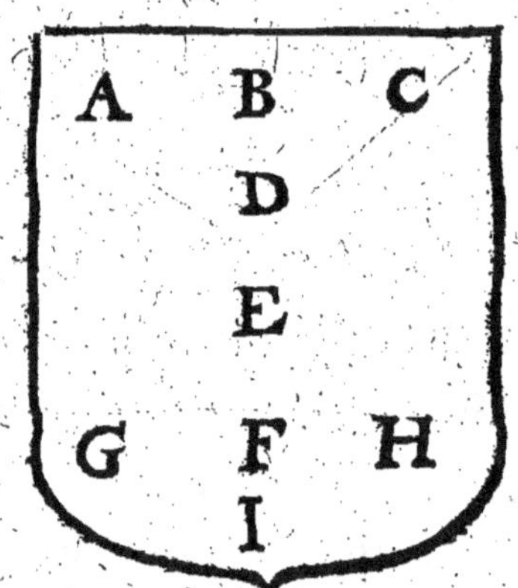

Voila comme il faut proceder pour partir & diuiser Armoiries, desquelles il faut vser selon la quantité d'alliances que vous auez à placer, à quoy il faut apporter son iugement pour les accommoder selon les figures, desquelles elles sont composées, mettant tousiours les armes de la maison, au premier quartier, & les plus proches en suitte aux deux, trois & quatriesme quartier : Et s'il passe ce nombre, il faut rapporter & placer l'Armoirie principale dans vn petit Escu au milieu, comme vous voyez par ceste derniere figure, où bien partir ou tiercer quelques quartiers, c'est à dire, de deux en faire trois, ou autrement ainsi que iugerez qu'il conuiendra mieux.

Reste maintenant pour bien entendre les Armoiries, veoir & sçauoir les choses dequoy elles sont composées, &

comme elles font dites & appellées felon l'Art, dont nous en ferons demonftration d'vne partie d'icelles.

E t auparauant que d'y entrer vous vous fouuiendrez de ce que i'ay dit cy-deuant, que pour bien blafonner vne Armoirie faut toufiours commencer par le fond, que plufieurs appellent le champ, & bien prendre garde à tout ce qui eft en vne Armoirie fans rien obmettre, afin de tout bien & exactement fpecifier.

L'Armoirie fe faict & compofe d'vne grande quantité de figures qui ont chacune leurs noms particuliers.

Entre autres il y a fept chofes qui font fort vfitées en Armoiries. C'eft à fçauoir,

Croix.
Chefs.
Pals.
Bandes.
Faces.
Cheurons.
Sautoirs.

Toutes lefquelles quant elles font feules, doiuent tenir la tierce partie de l'Efcu; mais quant elles font accompagnées d'autre figure, on fe difpenfe pour l'embeliffement de la faire vn peu plus eftroite, mais le moins qu'on peut. En voicy les figures auec leurs blafons qui font figurées cy-apres.

D'Argent à la Croix de gueulle.

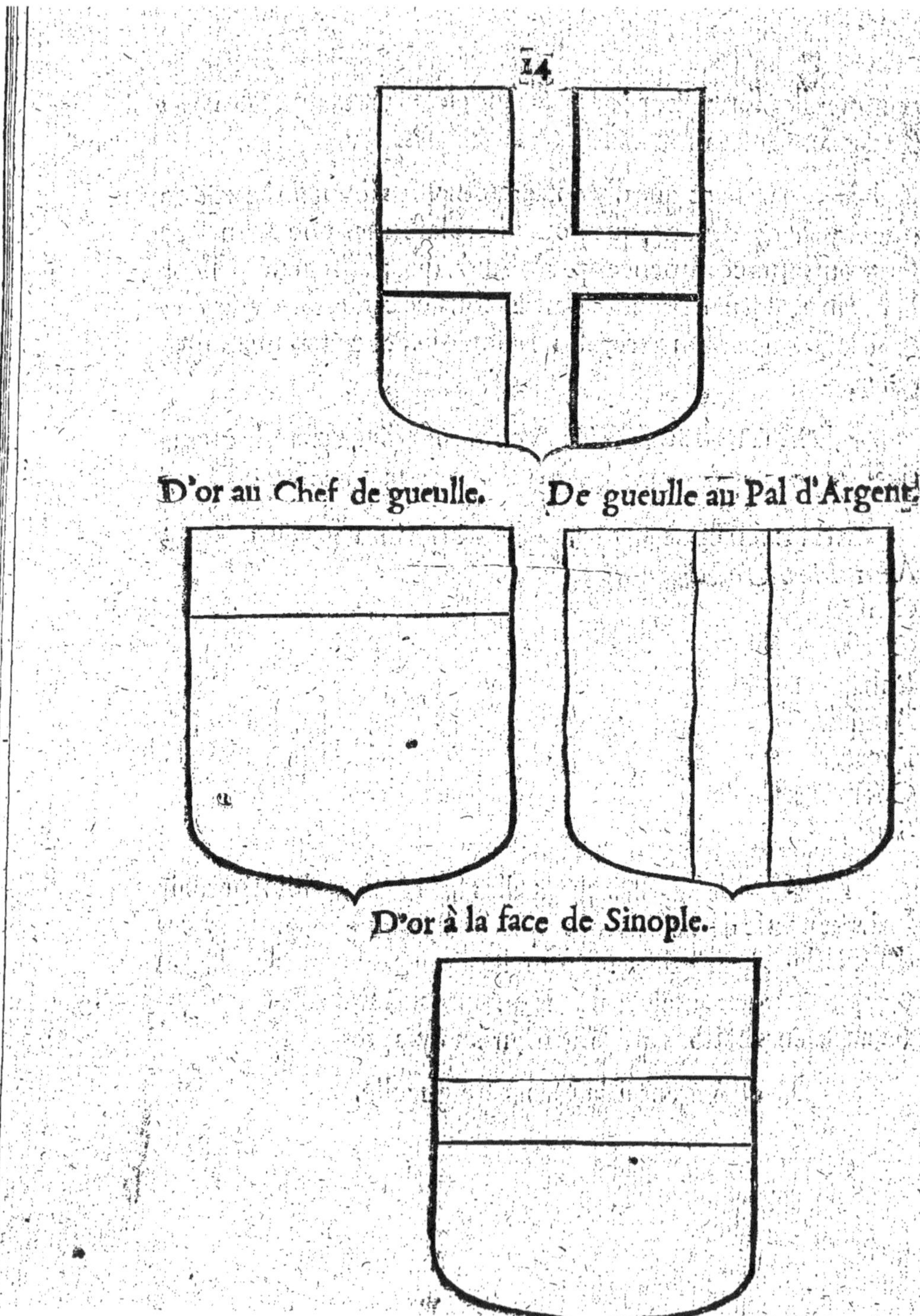

D'or au Chef de gueulle.

De gueulle au Pal d'Argent.

D'or à la face de Sinople.

Defquelles figures il s'en faict en Armoiries vne grande quantité de chacune d'icelles toutes differentes, qui font
contenuës en ce Liure pour feruir d'inftruction.

D'Azur au Saultoir d'or.

IL y en a vne infinité d'autres de differentes fortes, comme verrez cy-apres.

DAVANTAGE fera remarqué que les Croix fe chargent
de diuerfes chofes, auffi elles font accompagnées de diuerfes
figures, comme on verra par le pourtraict cy-deffoubs.

De gueulle à la Croix ancrée d'or.

Des Chefs.

POVR LES CHEFS, il n'y en peut auoir plus d'vn en vne Armoirie simple; mais si elle est écartellée ou partie en plusieurs quartiers, il y en peut auoir en tous les quartiers, s'il se rencontre que les Armoiries qu'on y veut mettre en fussent composées.

DESDITS CHEFS on en fait quantité & de differente sorte ainsi que des Croix: car on ne peut faire des sortes suiuantes : Chefs d'Hermines composez : Chefs de France qui est d'Azur semé de fleurs de Lys d'or : Chefs de vair composez : Chefs échiquetez : Chefs écartelez , partis, coupez, & quantité d'autres qu'on verra cy-apres.

LESDITS CHEFS se peuuent charger de tout ce que l'on veut, ils sont aussi souuent accompagnez de quelque figure, voire de toutes celles qu'on vse en Armoiries ; qu'on met au dessoubs dudit Chef, qui est le champ de l'Armoirie ; car le chef n'en est que partie dependante, aussi en blasonnant il est tousiours nommé ou blasonné le dernier, en voicy des exemples.

De gueulle au Chef d'herines de Sable.

De Sinople au Chef de France.

Des Pals.

On en faict autant de sortes diuerses comme de Croix &
Chefs : mais on peut mettre en vne Armoirie plusieurs Pals de
toutes sortes, en voicy quelques exemples.

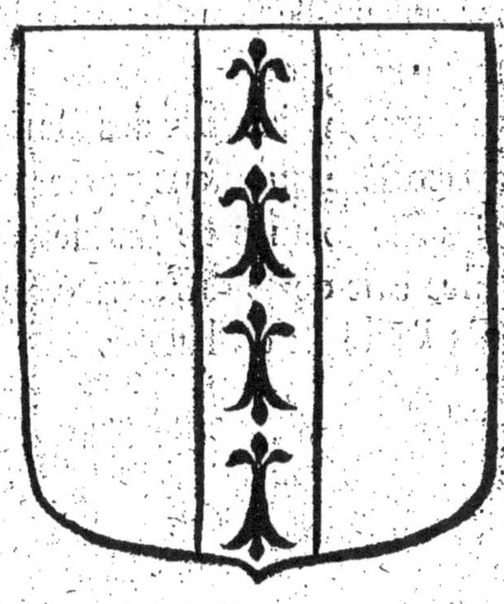

De Sinople au Pal échique-
té d'argent & d'Azur.

De gueulle au Pal de Vair.

Des Bandes.

Des Bandes on en peut faire en Armoiries autant de sortes
comme de Chefs, Croix & Pals, c'est pourquoy ie n'en re-
presenteray point beaucoup d'exemple ; mais ie parleray des
diuersitez qu'il y a sur ceste figure.

Sera remarqué qu'outre la diuersité des Bandes qu'on peut
faire, il y en a vne particuliere qu'il faut notter, c'est assçauoir,
qu'il y a en Armoiries des formes de Bandes qui sont appellées Cotices, lesquelles ont ceste difference de la Bande, en
voicy le pourtraict de l'vne & de l'autre.

D'Argent à la Bande
de gueulle.

De gueulle à la Bande
d'or.

D'or à la Cotice d'Azur.

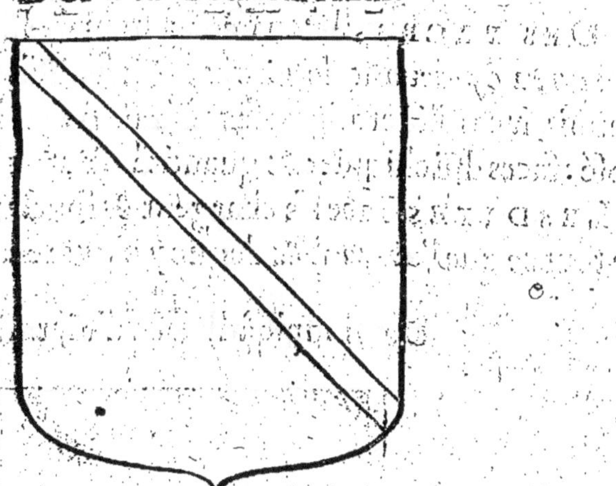

N O V S auons encores les Bandes chargées & accompagnées, en voicy des exemples.

C ij

D'or à la bande d'Azur chargée de trois Rozes
de gueulle.

Des faces.

DES FACES, il s'en faict autant de sortes comme vous
auez veu cy-deuant de Croix, Chefs, Pals & Bandes: c'est à
sçauoir, faces d'Hermines: faces de France: faces de Vair com-
posé: faces d'Echiquier & quantité d'autres sortes.

LESDITES Faces se chargent & sont aussi accompagnées
de tout ce que l'on veut & dequoy on vse en Armoirie.

De Sinople à la face d'Hermines.

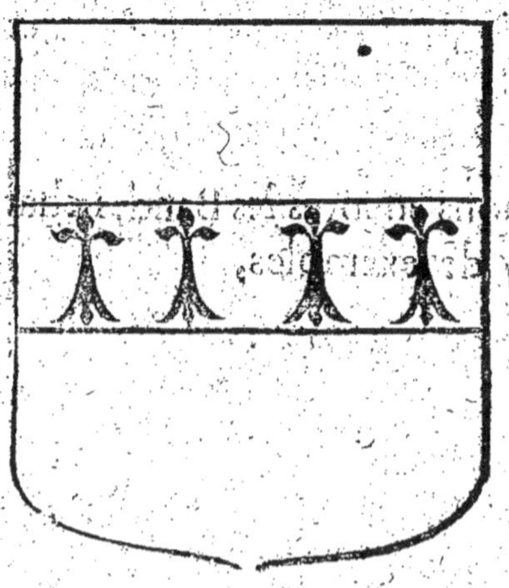

Tovt ainsi qu'il y a des Bandes en deuises, il y a aussi des Faces en deuise qui sont ainsi appellées, à cause qu'elles sont plus estroictes d'vn tiers que les faces. Desquelles faces en deuise n'y en peut auoir qu'vne en vn Escu ou seule, ou accompagnée, en voicy des exemples.

D'Argent à la face d'Azur accompagnée de trois Cocqs de gueulle crestez & barbez d'or.

Novs auons encores certaines formes de faces, lesquelles neantmoins en Armoiries ne sont point appellées faces ains Burelles, & ce nom leur est attribué lors qu'vne Armoirie est facée de plus de sept pieces : de maniere que quand on void vne Armoirie facée de huict, neuf, ou dix pieces, qui est le nombre le plus qu'on puisse facer, alors il faut dire Burellé, en voicy des figures.

De gueulle à la face d'Argent chargée d'Hermines.

O n charge aussi quelquefois lesdites Burelles, comme il se
void par les Armoiries des Maisons de la Roche-foucault, Lu-
signan & Plessis Mornay , en voicy les figures,

Burellé d'Argent & d'Azur.

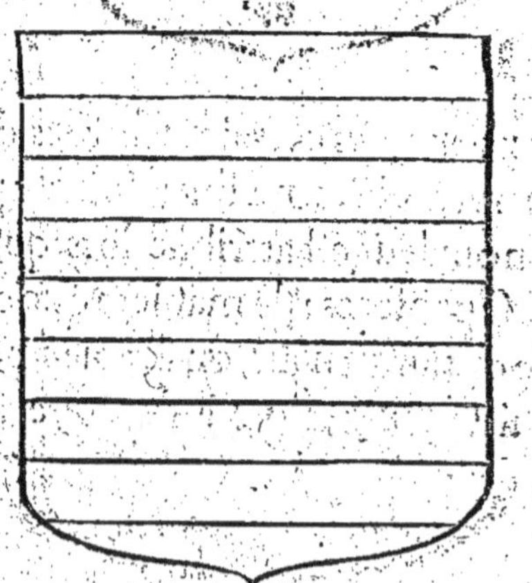

D e s d i t e s formes de faces qui neantmoins en Armoiries n'en portent le nom , sont les Iumelles & tierces dont auez

veu les figures en Bandes, lesquelles Iumelles & tierces sont plus communes en faces qu'en Bandes.

D'Azur à trois Iumelles d'or.

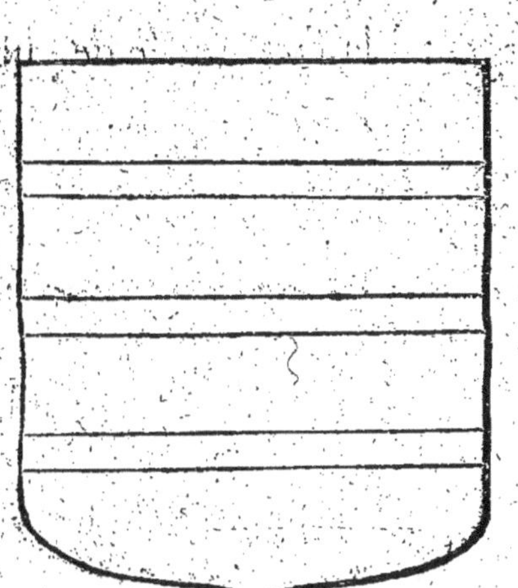

S o n t aussi de ladicte qualité de faces, qui toutesfois n'en portent en Armoiries le nom, certaines formes qui sont appellées Hemades, en voicy la figure,

D'Argent à deux Hamades de gueulle.

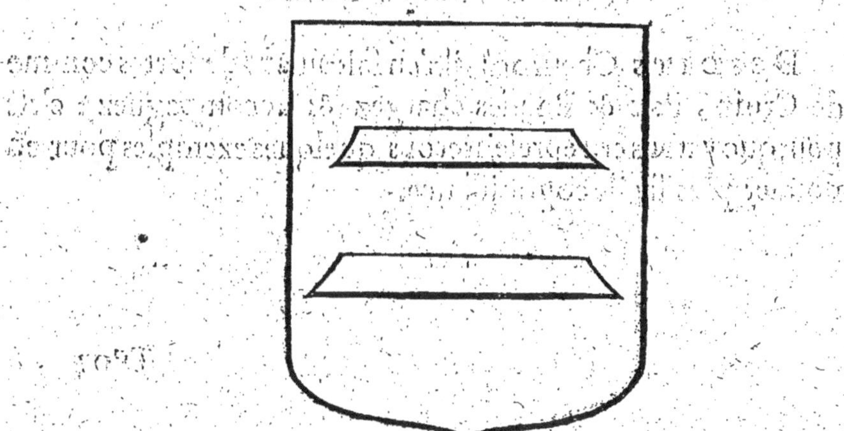

I L y a encores vne sorte de faces desquelles n'auons cy-deuant fait aucune demonstration, & desquelles on vse fort en Armoiries, en voicy des figures.

D'Argent à la face ondée de gueulle.

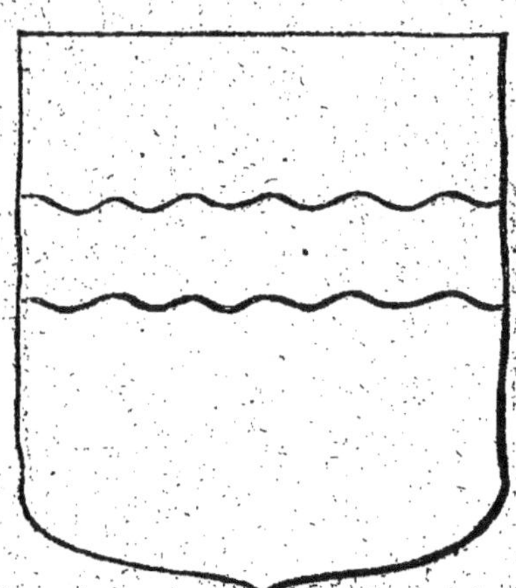

I L s'en fait encores vne infinité d'autres sortes, que la praîctique faict veoir & cognoistre.

Des Cheurons.

D E S D I T s Cheurons, il s'en fait autant de sortes comme de Croix, Pals & Bandes chargez & accompagnez : c'est pourquoy nous en representerons quelques exemples pour en donner plus facile cognoissance.

D'or

D'or au Cheuron d'Azur.

Des Saultoirs.

DESDITS Saultoirs il s'en fait de plusieurs sortes, & s'en peut mettre plusieurs en Armoiries : mais ordinairement il n'y en a qu'vn qu'on peut charger & accompagner diuersement, comme on verra par les exemples suiuantes.

D'Azur au Saultoir d'or.

D

R E S T E maintenant de parler de beaucoup d'autres chofes defquelles ordinairement on vfe en Armoiries, & dont
nous n'auons parlé cy-deuant, lefquelles font autant neceffaires de fçauoir comme les chofes cy-deuant efcites.

E T P R E M I E R E M E N T, nous auons les Bordures qui
font ordinairemét mifes en Armoiries pour brifeure, c'eſt à dire,
pour feruir de marque de difference entre les enfans puifnez
& Cadets d'vne maifon, defquelles Bordures il s'en fait nombre de fortes toutes differentes, en voicy quelques exemples.

De Sinople à la Bordure de gueulle.

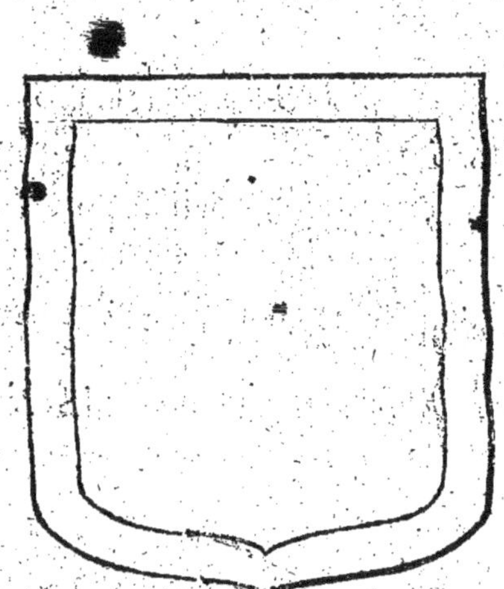

N o v s auons encores en Armoiries certaines formes de
figures de Bordures, qui neantmoins n'eſt pas Bordure, d'autant que toute Bordure eſt coniointe auec les extremitez de
l'Efcu, cefte-cy au contraire en eſt feparée, c'eſt pourquoy
en termes de l'Art, elle n'eſt point appellée Bordure, ains Orle,
en voicy quelques figures,

De Sable à vn Orle d'Or.

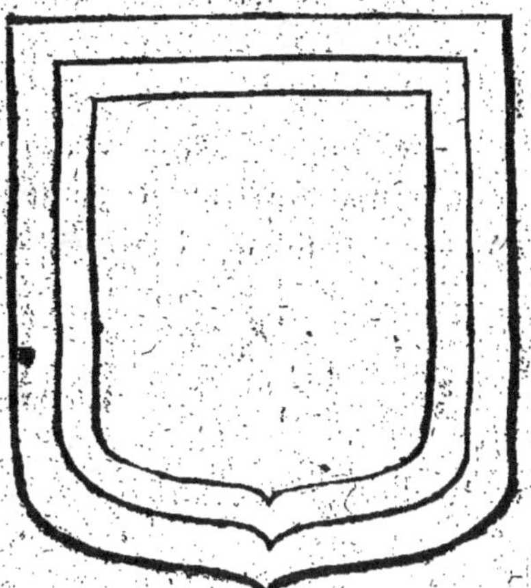

De gueulle à vn Orle de deux pieces d'Argent.

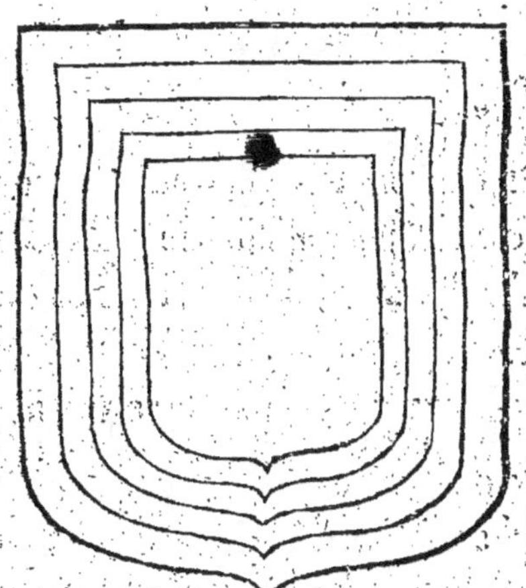

IL se fait desdits Orles en plusieurs sortes qui quelquefois seruent de brisure en Armoiries.

IL y a encores plusieurs sortes de Brisures en Armoiries pour lesquelles cognoistre nous en ferons voir cy-apres de diuerses sortes.

De gueulle à vn fillet â vn pendant en cœur du Chef
d'Argent.

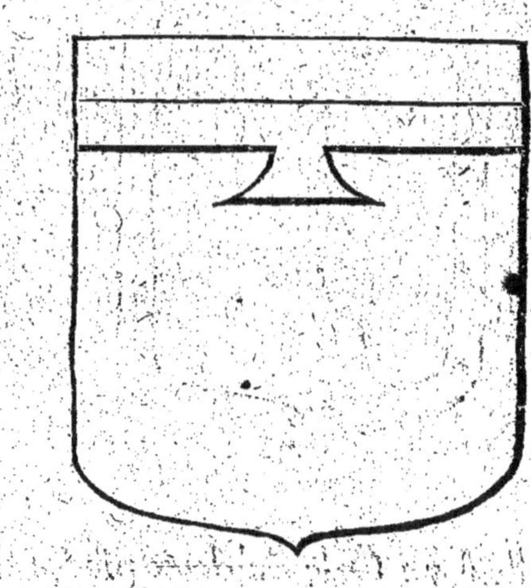

Des Girons.

Le Giron eſt vne figure qui eſt mouuante de l'Eſcu
de tous coſtez , & qui eſt tirée en poincte iuſques au centre
ou milieu de l'Eſcu , & s'en fait de pluſieurs pieces qui ſe
peuuent charger de diuerſes choſes, comme on verra par les
exemples ſuiuantes.

EN LADITE FIGVRE il ſe rencontre vne difficulté
qui eſt telle que pluſieurs appellent vne Armoirie faicte comme la premiere cy-apres peinte gironée d'Argent, & de gueulle
de huict pieces, enquoy ils ſe trompent , car elle eſt partie,
coupée, tranchée & taillée d'Argent & de gueulle, la raiſon
de cela eſt qu'vn vray giron doit prendre ſa forme de l'vn des
traicts qui partiſſent, coupent, tranche, & taillent l'Eſcu, &
tirer en pointe au Centre, ou milieu de l'Eſcu, en voicy des
exemples.

Party, coupé, taillé & tranché d'Argent & de gueulle.

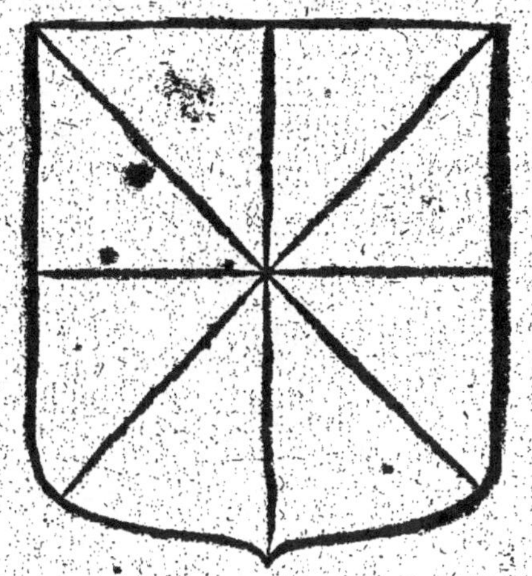

D'or au Giron d'Azur,

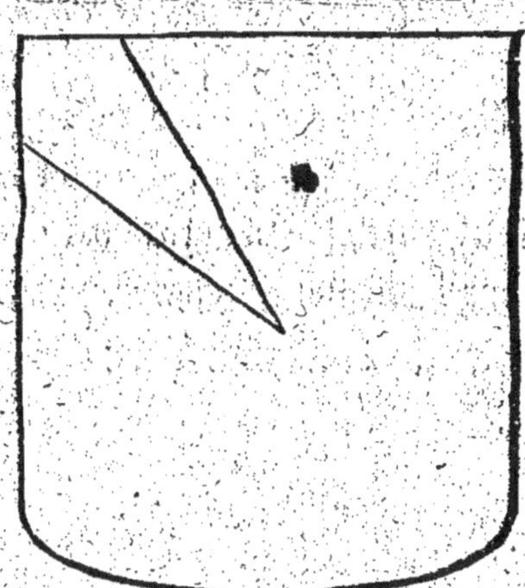

Des Frettes.

CE qu'en termes d'Armoiries nous appellons Frettés, est vne espece de bastons posez en bande trauersans l'vn sur l'au-tre, desquels se fait plusieurs pieces & de diuerses choses, en voicy des exemples.

De gueulle au fretté de six pieces d'Or.

Des Lozanges, Mascles, fuzées, & Rustres.

CE s quatre figures sont composées de la premiere qui est la
Lozange, & la difference est que la Lozange est plaine, la Mas-
cle est percée en carré, la fuzée est beaucoup plus longue que
la Lozange, & le Rustre est aussi de la longeur de la fuzée, mais
percé en rond par le milieu, en voicy des exemples.

De gueulle à dix-huict Mascles d'Or.

Des Trechoirs.

Ceste figure qui est vne espece d'Orle est appellée en termes d'Armoiries Trechoir, il s'en fait de simple & de doubles, en voicy des figures,

D'Argent au Trechoir de gueulle.

Des Escarboucles.

Ceste figure est ainsi appellée en termes d'Armoiries, en voicy la figure,

D'Azur à l'Escarboucle pommetée, bossetée, & fermée d'Or à la pierre de Sinople.

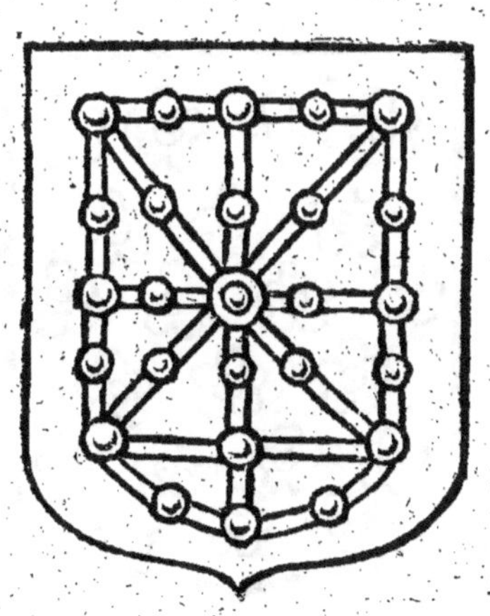

Des Bezans ou Tourteaux.

Ces deux figures sont de semblable forme l'vne appellée
Bezans qui est tousiours de metail, c'est assçauoir, Or ou Ar-
gent, & l'autre tousiours de couleur, nommée ou appellée
Tourteaux en voicy les figures,

D'Azur à six Bezans d'Argent.

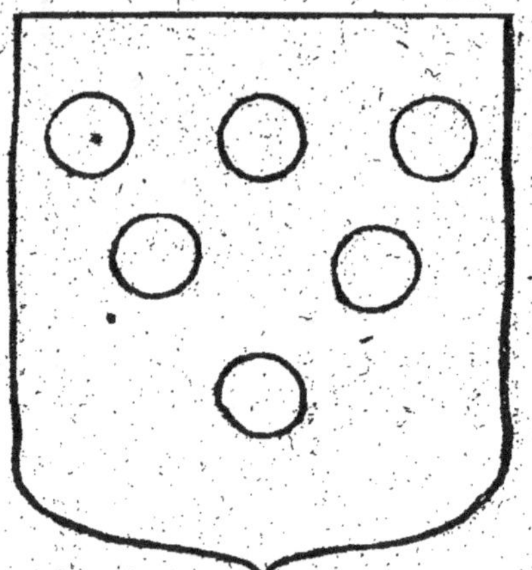

Sera remarqué qu'en l'Armoirie il y a plusieurs figures qui
ont leurs noms particuliers, que les anciens nous ont laissé sans
nous auoir dit l'Ethimologie, en voicy plusieurs,

D'Argent estincelé de gueulle.

D'or pampelonné

AVTRE D'ESCRIPTION DE l'Armoirie.

L'Armoirie consiste en trois choses principales, la premiere est l'Escu ou Escusson.

La seconde, l'ornement d'iceluy au dehors, qui sont les marques d'honneur.

La troisiesme & derniere, est le dedans dudit Escu ou Escusson, qui est le subiet essentiel de l'Armoirie, duquel nous auons amplement traicté cy-deuant, & par discours, & par figures, tellement qu'il ne reste plus que les deux premieres à traicter.

Le premier donc, est l'Escu ou l'Escusson qui est le premier fondement sur lequel a esté formé l'Armoirie, cela se remarque en ce qu'anciennement quand on receuoit les ieunes Gentils-hommes pour estre employez à la guerre, on leur donnoit des deuises representans l'action qu'ils auoient faict, qu'ils faisoient peindre dans leurs Escu ou Bouclier, ce qui a esté le fondement de l'Armoirie.

E

L'AVTRE PARTIE est l'ornement dudit Escu, ou Escuſſon au dehors, qui ſont les marques d'honneur, par le moyen deſquelles ſont diſtinguées toutes ſortes de conditions & qualitées des perſonnes qui portent Armoiries.

LES MARQVES D'HONNEVR
ſont cy-apres ſpecifiées, aſſçauoir,

Les Armoiries,
Le Pauillon,
Les Mantelets,
Les Timbres,
Les Pennaches de Lambrequins ou Lamequins,
Les Pennaches de plumes naturelles,
Les Supports, ou tenans,
Les Symiers.

Des Couronnes.

TOVS CEVX en general qui portent Couronnes ſur leurs Armoiries ſont toutes differentes, en telle ſorte que par le moyen d'icelles on les diſcerne viſiblement les vnes des autres, comme vous verrez par les pourtraicts d'icelles cypres peintes & figurées.

Papale dicte Thiare.

Imperiale.

Des Roys de France.

E

Couronne de tous autres
Roys, sauf des Roys
d'Angleterre, qu'on verra
cy-apres.

Des enfans de France, &
filles de Roys.

Des Princes du sang de
France.

Couronne de tous Ducs,
Princes, ou non Souue-
rains qu'autre, sauf le Duc
de Florence.

Couronne de Marquis.

Coüronnes de Comtes.

Couronne du Roy d'Angleterre.

Chappeau du Duc de Venise.

Du Pauillon.

Le Pauillon, eſt vne marque d'honneur qui n'appartient qu'aux Empereurs, Roys, Princes & Monarques Souuerains, duquel on couure & enueloppe leurs Armoiries comme vne choſe ſacrée, à l'exemple des Romains leſquels

E iij

eſtimans leurs Aigles des Dieux, les enfermoient dans de
Oratoires, en voicy le pourtraict,

Des Mantelets.

LES Mantelets ſont marques d'honneur, qui n'appar-
tiennent qu'aux Princes & Ducs non Souuerains, deſquels
l'on couure leurs Armoiries, comme perſonnes qui appro-
chent plus pres des Roys & Princes, & plus grands en dignité,
en voicy le pourtraict,

Des Thimbres ou Heaumes.

LES Thimbres font Cafques, ou Heaumes ainfi nommez
mez & appellez, lefquels fe mettent fur les Armoiries au lieu
le plus eminent, & lefquels ornez de leurs Pennaches font
tenus par les anciens pour comble d'honneur & de Nobleffe,
il y en a de plufieurs formes differentes, non feulement en
pofture ou affiette, mais auffi en l'ouuerture & clofture, anciennement les Empereurs, Roys, Princes, Capitaines, Chefs,
& conducteurs d'Armées & gens de guerre, faifoient faire
leurs Thimbres ou Cafques creftez de la tefte ou Mufle de
quelque animal furieux & affreux, la gorge ouuerte & mon-
ftrant les dents, lefquels accompagnez de leurs Pennaches,
croyoient eftre vn moyen pour donner aux combats plus

d'animosité & de courage à leur gens, & plus d'effroy à leur
ennemis; Vous verrez cy-apres plusieurs sortes de Thimbre
ou Casques.

LE premier Thimbre, est celuy qui appartient aux Em
pereurs, Roys, Princes & Souuerains, lequel doit estre tou
d'or, mis & posé de front, couronné de leurs Couronnes, tou
ouuerts pour seruir de marque de plenitude de toute puissan
ce souueraine : & pour monstrer qu'ils ont & doiuent auoi
l'œil par tout : Voicy le pourtraict.

Le second, est celuy qui appartient aux autres Prince
non Souuerains, qui doit estre d'argent, mis & posé de front
mais clos & fermé de treillis, & barreaux d'or, orné de mesme
comme le pourtraict soubs figuré.

Le troisiesm

L E second, est celuy qui appartient aux autres Princes
non Souuerains, qui doit estre d'argent, mis & posé de front,
mais clos & fermé de treillis & barreaux d'or, orné de mesme
comme le pourtraict soubs figuré.

L E troisiesme, est celuy qui appartient aux Marquis, &
Comtes, qui doit estre d'argent, mis & posé de front, non auec
barreaux de treillis, mais clos & persé comme le pourtraict
soubs figuré.

Lᴇ quatriesme, est celuy qui appartient aux Barons, Cheualiers, Seigneurs & Gentils-hommes de Maison ancienne, qui doit estre aussi d'argent, mis & posé de front, ains vn peu tourné, que nous appellons de tiers poinct, treillissé de barreaux d'or orné de mesme, comme le pourtraict soubs figuré.

Lᴇ cinquiesme, est celuy qui appartient aux simples Gentils-hommes, qui doit estre de fer, posé & mis en porfil, & treillissé, comme le pourtraict soubs figuré.

Lᴇ sixiesme est, celuy qui appartient aux anoblis par Of-

fices ou Finance ; & auſſi pour ceux qui par ſeruices rendus à
la guerre, ont eſté auſſi anoblis, qui doit eſtre auſſi de fer, mis
& poſé en porfil, clos & fermé, les viſieres, œillieres, & Na-
zal, qu'on appelle ventailles abbatuës & attachées, pour monſtrer qu'ils doiuent obeyr, & n'ont rien à veoir aux actions
des autres, voicy le pourtraict.

Nov s auons encores celuy qui appartient aux Baſtards
iſſus de maiſon noble & ancienne, & qui iouyſſent du priuile-
ge de Nobleſſe, qui doit eſtre comme celuy-cy deuant, ſauf
qu'il doit eſtre tourné à gauché : voicy le pourtraict.

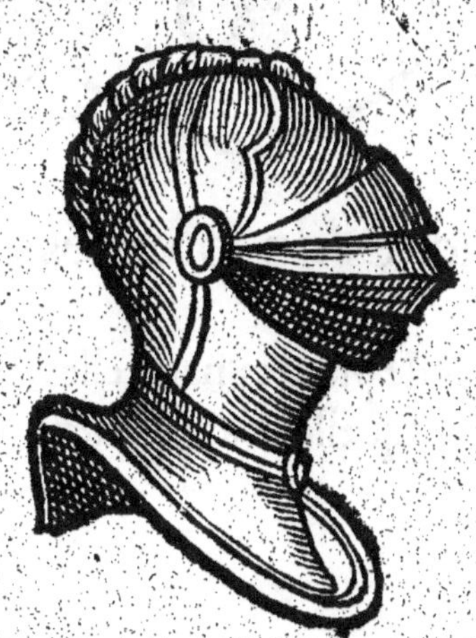

Des Pennaches de Lambrequins.

L E s Pennaches de Lambrequins font faits & formez
de feuïllages, ou l'Ames pofées & entre-meflées les vnes dans
les autres, lefquelles fortans dũ Thimbre enuironnent les Armoiries & fupports, & font ainfi appellez Lambrequins, &
autremens par aucuns Lamequins. C'eft vne marque d'honneur que quelques autheurs difent auoir efté par Hercules fils
d'Ofiris, mais Herodote dit que ce fut le peuple d'Afie, voicy leurs formes & figures.

Des Pennaches de plumes naturelles.

L E s Pennaches de plumes naturelles, font faits de vrayes
plumes naturelles, lefquelles s'appliquent comme les Lam-

brequins, mais elles sont moindres en honneur que les Lambrequins : Voicy le pourtraict.

Des Supports, ou tenans.

LES Supports ou tenans sont les figures qui tiennent &
supportent les Armoiries, lesquelles figures doiuent estre ti-
rées dũ dedans des Armoiries si le subiet si rencontre, sinon
on regarde de les prendre sur quelque digne & remarquable
subiet ; D'autant que iamais on ne doit mettre aucune chose
aux Armoiries qui ne soit graue, digne, & noble, lesquelles
figures bien souuent sont aussi mises pour Cymier, c'est à dire,
sur le Thimbre, auec quelque belle deuise.

DES CORDELIERES MARQVES
d'honneur des femmes.

N-o v s auous encores les Cordelieres qui eſt vne marque d'honneur deſtinée pour les Roynes, Princeſſes, Dames & Damoiſelles. Ce fut la Royne Anne de Bretagne qui les inuenta en memoire de ſon pere, qui portoit le nom de S. Franҫois chef & autheur de l'ordre des Cordeliers ; ceſte braue Princeſſes ayant permis à quelques Dames ſes fauorites, d'en vſer alentour de leurs Armoiries, pluſieurs autres en voulurent faire de meſme de leur propre authorité ; de façon qu'au iourd'huy, non ſeulement les Dames & Damoiſelles en ont vſé & vſent en leurs Armoiries, mais auſſi les femmes & filles Innobles, voire les femmes de Marchands. De façon que ſi on ne retranche ceſte ſi inſupportable licence, les Princeſſes, Dames & Damoiſelles, feront contraintes de quitter les Cordelieres, comme iadis elles quitterent la Ceinture dorée, qui eſtoit la marque de leur pudicité, lors qu'elles veirent que cel-

les qui auoient soüillé leur honneur, se dispenserent d'en porter, quoy qu'il leur fust deffendu ; d'où vient de Baudouin le
prouerbe, QVE BONNE RENOMMEE VAVLT
MIEVX QVE CEINTVRE DOREE : Voicy le
pourtraict des Cordelieres.

DES POMPES ET MARQVES
d'honneur funebres.

Finalement nous auons les droicts honorifiques, c'est à dire, les Pompes & marques d'honneur funebres, lesquelles anciennement n'estoient en vsage, que pour la sepulture des Empereurs, Roys & Princes Souuerains, pour representer leur
grandeur, puissance, & authorité souueraine, mais ils en ont
voulu honorer leur Noblesse, lors qu'elle s'en rendroit digne,
& pour les exciter & animer dauantage, permirent que les
hommes de guerre en fissent orner leurs Tombeaux, comme
trophées de leur merites, & couronnes de leurs genereux ex-
ploits. Tellement que iadis il n'y auoit que ceux-là à qui elles
estoient permises, lesquelles marques d'honneur sont soubs

ſpecifiées. Aſſauoir,
    Les Chapelles ardentes.
    Les Caſques ou Heaumes.
    Les Eſpées.
    Les Gantelets.
    Les Cottes d'Armes.
    Les Banieres.
    Les Guidons.
    Les Armoiries.

Les Littres & Ceintures funebres qui ſont les Ceintures de velours qu'on met dans *les Egliſes*, ſur leſquelles ſont poſées les Armoiries, comme auſſi celles qui ſont peintes de noir, hors & alentour leſdites Egliſes, où ſont auſſi peintes les Armoiries des *Seigneurs* haults-Iuſticiers des lieux, lors qu'ils ſont treſpaſſez.

Fin du preſent Liure.

Les pieces qui meublent.

1. VN Lyon naiſſant (c'eſt à dire , qui ſemble ſortir dehors & n'eſt qu'à demy) paſſant, rampant ; Leopardé (c'eſt à dire, qui monſtre toute la teſte , quoy qu'il ſemble paſſer ou ramper) à la queuë noüée , & paſſée en ſauteur.

2. Vn Cerf ſommé d'or (c'eſt à dire , *cornua habens*) onglé, l'ampaſſé (c'eſt à dire ayant la langue dehors dorée ou, &c.) chargé ou briſé en l'eſpaule de , &c. Vn bœuf accorné d'or, onglé, accollé (c'eſt à dire , ayant vn collier) clariné, c'eſt à dire, ayant la ſonnette au col, &c.

3. L'Aigle membré (c'eſt à dire , *les iambes*) becqué, couronné, eſployé (c'eſt à dire, aiſles eſployees) timbré d'or (c'eſt à dire, ayant vne couronne, &c.) facé d'or, c'eſt à dire, eſtant couuert de deux ou *trois faces d'or au col*, à trauers, au bas.

4. *Il portoit d'or au ſauteur engreſlé* (c'eſt à dire , vne Croix S. André dentelée, ou en pointes) enuironné de quatre beſans de ſable : au chef d'or chargé d'vn cheuron verſé.

Armoiries des Prouinces.

1. FRANCE, porte d'azur à trois fleurs de Lys d'or.

2. BERRY, porte d'azur ſemé de France ; bordé & engreſlé de gueulle.

3. ORLEANS, porte de France au Lambel d'argent, eſcarrelé de Milan d'argent, à la guyure , c'eſt à dire, ſerpent d'azur, lyſſant de gueules, c'eſt à dire , l'homme qui ſort de ſa gueulle eſt tout rouge.

G

4. MONT-MORENCY, porte d'or à la Croix de gueulles, accompagnée de seize Allerions (c'est à dire, aiglettes)
d'azur : Aucuns estiment que les Allerions different des aiglettes, en ce que les Allerions n'ont iamais en armes bec, iambes,
ne pieds, & les aiglettes en ont.

5. FOIS, porte d'or à trois pals de gueulles, escartelé d'or,
à deux vaches passans de gueulles accolées, clarinées, & ac-
cornées, d'azur.

6. ANGLETERRE, porte de gueulles à trois Leopards
d'or ; Normandie deux; Guyenne vn.

7. CHAMPAGNE, porte d'azur à la bande d'argent, à deux
doubles Cotices potencees, & contrepotencees d'or de treze
pieces, pour treize Comtez dépendans de Champagne.

8. BRETAGNE, porte d'argent semé d'Hermines de sable.

9. PORTVGAL, porte d'argent à cinq Escussons d'azur
peris (c'est à dire, rengez) en Croix, chargez chacun de six
besans d'argent : denotans cinq victoires des Roys contre les
Mores, & les trente deniers dont les Iuifs vendirent nostre
Seigneur.

10. LE DAVPHINE', porte d'or, au Dauphin d'azur.

11. L'EMPEREVR, porte d'or à l'Aigle de sable esployé,
armé, & lampessé de gueulles, tymbré d'or. Anciennement
Bourgogne portoit d'or au Lyon de gueulles.

12. BOVRGOGNE, porte bandé d'or & d'azur, à la
bordure de gueulles, au quanton d'Hermines.

13. LORRAINE, anciennement portoit d'argent au cerf
de gueulles, sommé d'or sans nombre, c'est à dire, sans que le
nombre des cornes fut determiné pour le cerf.

On dit, il portoit facé, fretté, pallé, vairé d'or ou de, &c.
lozangié de, &c. c'est à dire, en forme de lozanges.

14. Il portoit de Bourbon, c'est à dire, d'azur, à trois fleurs de Lys d'or brochées d'vne Cotice de gueulles.

15. FLANDRE, d'or au Lyon de sable, rampant, armé, & lampassé de gueulles.

16. CASTILLE, de gueulles à cinq Chasteaux d'or en sauteur. Autres disent de gueulles à vn Chasteau ayant trois tours d'or.

17. HIERVSALEM, D'argent à vne grande Croix potencée d'or, accompagnée de quatre petites.

18. ARRAGON, facé d'argent, & de gueulles. Ou bien selon les autres, porte d'or palé de gueulles, de quatre pieces.

19. Charles d'Anjou, portoit de Hongrie qui est facé d'argent & de gueulles à huict pieces; party de Sicile qui est semé de France, au lambel de gueulles; tiercé de Hierusalem qui est, &c. soustenu d'Anjou qui est semé de France à la bordure de gueulles; & de Barrois, qui est d'azur, à deux bars (sont poissons) adorsez d'or, semé de Croix recroissetees au pied fiché, d'or; sur le tout d'Arragon.

20. AVVERGNE, portoit anciennement d'or au Gryphon de gueulles armé, couronné, onglé, lampassé de synople, (c'est à dire, verd) ou langué qui est le mesme.

Ils ont aussi, porté d'or au Dauphin pasmé d'azur. Là où le Dauphiné porte d'or au Dauphin vif d'azur.

21. ANIOV, porte tout semé de France à la bordure de gueulles.

22. ESCOSSE, porte d'or au Lyon de gueulles, rampant, enuironné d'vn quarré de gueulles, flouré de fleurs de Lys de mesme.

23. BERRY, porte de France, à bordure de gueulles engreslee, comme il a esté dit.

G ij

24. ALENÇON, porte de France, à la bordure de gueulles befantee d'argent à huict befans. 3. 2. 2. 1.

25. BAVIERE, porte d'argent, lozengié d'azur.

26. NIVERNOIS, porte de France, à la bordure componée, & cantonnee d'argent & de gueulles.

27. LORRAINE, porte facé de gueulles & d'argent, de Hongrie, de Sicile [c'eſt à dire, femé de France auec le lambel de gueulles, tiercé de Hierufalem, quarré de pals d'or & de gueulles] fouſtenu d'Anjou [c'eſt à dire, tout femé de France, bordée de gueulles, & de Barrois qui eſt d'azur à deux bars, &c. *vt fupra*. Sur le tout de Lorraine qui eſt d'or à vne bande de gueulles chargee de trois Aiglettes d'argent qui s'enuolent] ou trois Colombes, ou trois Allerion, car les Auteurs ne s'accordent pas.

28. Le Comté de Bourgongne porte d'azur au Lyon couronné d'or, rampant, tout enuironné de billettes d'argent.

29. SAVOYE, porte de gueulles, & fur les gueulles vne Croix d'argent, ou bien d'or à l'Aigle Imperiale de fable, becqué, lampaſſé, & armé de gueulles ; brifé au mitan d'or facé de fable, à vne bande de fynople.

30. MONT-PENSIER, porte de France, à la Cotice de gueulles, brifée au haut bout d'vn croiſſant d'argent, montant.

31. VENDOSME, d'azur à fix fleurs de Lys d'or. 3. 2. 1.

32. FRANCE, fous Pharamond iufques à Clouis porte de gueulles, à trois Couronnes d'or. 2. 1.

33. Pour vous donner encore plus pleine cognoiſſance ie vous adiouſteray encor quelque choſe qui vous fera plus ſçaua nt.

1. Les pieces ordinaires ſont la Cotice, la bande qui ſe met de droit à gauche, car le filet ou trait des donnez ſe met à gau-

che, & souuent de sable, quoy qu'il trauerse tout l'Escu) bande chargee de Croix, Sautoirs, &c. Gemelle, Viures, Frette ou fretté, ou Cotice & recotice à l'opposite l'vne de l'autre, Treillis carré, endenté, engreslé, qui est plus menu, Lozanges, Macles, Fusées, Billettes, Rustres, Eschiquier, Besans, Torteaux. Il y a d'autres Armoiries qu'on nomme Rebattemens.

2. Il portoit d'argent à vn Cornet de Pourpre, lié d'azur [c'est à dire, ayant le lien & l'escharpe azuree] virolé & garny d'or, c'est à dire, ayant les bouts d'or, & les boucles où est attaché le lien.

D'argent, à vne cloche d'argent bataillee, ou battelee d'azur, c'est à dire ayant le battant d'azur.

De Pourpre à vn Marteau d'or, le manche de Synople, embouté ou morné d'argent, c'est à dire, ayant le bout d'argent, & l'anneau où est attachee la boucle, à la boucle de gueulles.

3. Pour parler des arbres on dit de fort beaux termes, vn Oliuier d'argent son fruit de Synople ; vn Chesne de gueulles englanté d'or ; vn Cyprés de Synople accollé & entouré de Lierre d'or ; vne Grenade d'or fueillee de Synople, vne quinte-fueille d'argent, percee de sable, d'azur à trois Roses d'or boutonnees, ou au cœur de gueulles. Vne fleur de Lys d'argent pointee ou boutonnee d'or, supportee de Pourpre, c'est à dire, ayant la tige de Pourpre.

4. Pour les bestes il y a souuent des Dragons aislez, autres rampans, ou passans, tant Marins que terrestres ; les Marins n'ont point de pieds. Vne Baleine d'argent fierté de gueulles, c'est à dire, ayant les dents, & la gueulle de gueulles ; vn Dauphin pasmé ou d'argent ; vne truite d'argent picotee de sable,

G iij

vn turbot mis ou pery en pal, trois mis en face, l'vn sur l'autre.

5. Outre ce qui a esté dit des oyseaux ie vous diray, que les Allerions n'ont ny bec, ny ongles és Armoiries, mais ils ont les aisles estenduës, ce que la Merlette n'a iamais, ayant le bec & les pieds perdus, les aisles pliees. On dit quelquefois membré & illustré de gueulles, vne Sauterelle passant d'or ombree ou ornee de Synople, de Pourpre à trois Papillons volans d'argent, miraillez d'azur, & ombres de gueulles. Vn Espreuier grilletté d'or, c'est à dire, ayant les grillets d'or, aislé d'argent, chaperonné de Synople.

6. Aucuns estiment que le Lion est tousiours rampant ou rauissant, & ne monstre qu'vn œil & vne aureille, le Leopard est tousiours passant ou allant, & monstre deux yeux & deux aureilles, & on l'appelle Lion Leopard, l'autre se dit Leopard Lionné, c'est à dire, Leopard rauissant comme le Lion. Or vous en croires Lecteur mon amy, ce qu'il vous plaira, car les Auteurs estant contraires, il est malaisé de donner arrest diffinitif. Il y a aussi des Lionnets qui sont fort petits. Lions naissans qui ne monstrent que la moitié du corps & semblent sortir dehors, & se mettre au monde patte apres patte. Lions issans qui monstrent vne partie du deuant, & le haut de la queuë qui se monstre dans le chef, le reste de la beste estant comme caché, brochans sont ceux qui tiennent tout l'Escu, & sont veus entiers. Lions couchans. Les Lions ont quelquefois double queuë, ou noüee, fourchuë, ou passee en Sautoir, ils sont aislez, assis, &c. Quand les testes sont seules on dit arrachees, ou coupees. Lions sans vilenie, sont ceux qui ne monstrent rien de vilain.

7. Pour le nombre on met iusques à huict besans, Torteaux,

Cotice, & Orle; des Burelles on en met dix, & s'appelle Burellé; s'il y en a plus en blasonnant on ne les nomme pas. Les
Lozanges, Fusees, Eschiquier, on les nombre iusqu'à vingt-
cinq ou vingt-six, & s'ils passent on dit, sans nombre; les
bestes, oyseaux, fleurs, paissons, se nombrent iusqu'à seize, s'ils
passent on dit semees d'Aiglettes sans nombre, &c.

8. Plusieurs Armoiries sont fausses & tres-mal armoyees,
mettant couleur sur couleur, ou metal sur metal, & contreue-
nant aux regles des Armoiries principales, car pour les acces-
soires on n'y regarde pas tant. Il y en a qui font des Rebus de
Picardie, & des Enseignes de Paris, plustost que des Armoiries, ne se souciant pas beaucoup des regles des armes; & des
enseignes & differends, guerriers, qu'on donnoit iadis pour
marque de la vertu, & vaillances, ne prenant pas tant garde
aux noms qu'aux vertus des personnes. En celles de Godefroy
de Boüillon, par aduis des Seigneurs on y fit vne chose extraordinaire, mettant metal sur metal, afin qu'on eut occasion
d'en demander la cause & sçauoir l'eminence de sa vertu.

9. Pour dire plusieurs termes d'Armoiries, il me plaist de
coucher icy quelque Armes de diuers personnages.

Iosué portoit d'argent à vn foudre de gueulles, aislee & eslan-
cee (c'est à dire, ayant les dars entremeslez] d'azur, le tout
chargé d'vn Soleil d'or à vingt-quatre rayons.

Tomyris portoit de Synople à vn Lion sans vilenie, d'argent,
couronné de Laurier d'or, à vne bordure crenelee d'or & de
gueulles, chargee de huict tierces fueilles à queuë d'argent.

Pharamond, premier Roy ● France, de gueulles, à trois
Diademes d'or.

Charlemagne, parti le premier moitié de l'Empire, qui est
d'or à vne demie Aigle esployee de sable, membree, & Dia-

defme de gueulles, le fecond de France, qui eft d'azur, femé de fleurs de Lys d'or.

L'Archeuefque & Duc de Reims, d'azur femé de fleurs de Lys d'or, à vne Croix de gueulles.

L'Euefque & Duc de Langres, d'azur femé de fleurs de Lys d'or, à vn Sautoir de gueulles.

L'Euefque & Duc de Laon, d'azur femé de fleurs de Lys d'or, à vne Croffe de gueulles mife en fon pal.

L'Euefque & Comte de Beauuais, d'or à vne Croix & quatre clefs de gueulles.

L'Euefque & Comte de Noyon, d'azur femé de fleurs de Lys d'or, à deux Croffes oppofees dargent.

L'Euefque & Comte de Chaalons, d'azur à vne Croix d'argent, accompagnee de quatre fleurs de Lys d'or.

Notez que les Efcus de metal feul, ou de couleur feul font nommez tables d'attentes, les filles qui meurent deuant que d'eftre mariees ont bien fouuent vn Efcu, ayant la moitié droite lozangé d'or ou d'argent, pour monftrer l'attente d'alliance.

Les Baftards fouloient iadis porter vn Efcu d'or ou d'argent (ce qu'on nommoit Efcu faux) & fur le premier canton portoient les armes de leur pere. On tient d'ordinaire pour Efcus faux ceux où il y a metal fur metal, & couleur fur couleur, fi en treuue-on pourtant de tels qui portent argent fur or, ou or fur argent.

Quand il n'y a autre chofe dans l'Efcu que face, bande, chef, pal, cela doit tenir le tiers de l'Efcu, en blafonnant toufiours on nomme le metal le premier.

On dit Efcu my-party, coupé, tranché, taillé, flanché, gironné de tant de pieces, emmanché de tant de pieces, à dextre, à feneftre, enchauffé, party & flanqué, efcartelé &
tren-

trenché, lozangé, diapté, Papillonné, plumeté, à face bre-
teſſée, fuzelée, lozangée, viurée, danchée, eſchiquetée.

Il n'y a aucun animal rampant ſi ce ne ſont ceux qui ont des
griffes, & ongles ; les cheuaux ſans bride, & eſleuez ſur leurs
pieds de derriere ſe nomment, effrayez ; les Taureaux ſe bla-
ſonnent furieux, ou en furie, quand ils ſe dreſſent, mais non
pas rampans.

LES ARMES ET BLASONS
de quelques Maiſons des plus
Illuſtres de France.

H

LOVYS XIII. TRES-CHRESTIEN
Roy de France & de Nauarre.

   PORTE de France, qui eſt d'azur à trois Fleurs de lys d'or, party de Nauarre, qui eſt de gueules aux doubles chaiſnes d'or paſſées en ſautoir & orle.

   Cimier, vne double Fleur de lys d'or.

   Supports, deux Anges, l'vn reueſtu de cotte d'Armes de France, l'autre de Nauarre.

GASTON DE FRANCE, FRERE
Vnique du Roy.

Porte d'azur à trois Fleurs de lys d'or à la bordure de gueules, qui sont les Armes d'Anjou.

Porte pour Cimier la Fleur de lys d'or.

Supports deux Anges.

HENRY DE BOVRBON PREMIER PRINCE
du sang, premier Pair de France, Prince de Condé,
Duc d'Anguien & de Chasteauroux, Comte
de Clermont en Beauuoisis, de Soissons,
& Gouuerneur de Berry.

Porte de France, au baston de gueules peri en bande

LOVYS DE BOVRBON COMTE DE
Soissons, Pair & grand Maistre de France, Gouuerneur & Lieutenant general pour le Roy
en Dauphiné.

H ij

PORTE de France à la bordure de gueules, au baston de mesme peri en bande.
Pour Cimier la Fleur de lys d'or.
Supports deux Anges.

CHARLES DE LORRAINE, DVC DE GVISE,
Gouuerneur & Lieutenant general pour le Roy en Prouence, Admiral des Mers du Leuant.

PORTE coupé de huict pieces, quatre en chef, & quatre en pointe. La premiere du chef, de Hongrie, qui est facé d'argent & de gueules. La 2. de Naples ou Sicile, qui est de France au lambel de gueules. La 3. de Hierusalem, qui est d'argent à la Croix potencée d'or, cantonnée de quatre Croix coupées de mesme. La 4. d'Arragon, qui est d'or au pal de quatre pieces de gueules. La premiere de la pointe, d'Anjou, qui est de France à la bordure de gueules. La 2. de Gueldres, qui est d'azur au Lion contourné d'or armé & couronné de gueules. La 3. de Flandres, qui est d'or au Lion de sable. La 4. de Bar, qui est d'azur à deux bars d'or adossez, semé de Croix recroisetées au pied fiché de mesme. Sur le tout d'or à la bande de gueules chargée de 3. alerions d'argent, qui sont les armes de Lorraine. Le tout brisé en chef d'vn lambel de gueules.

Cimier, vn Aigle de sable couronné d'or, l'estomac chargé d'vne croix recroisée d'or.

Supports, deux Aigles de mesme.

CLAVDE DE LORRAINE DVC DE
Cheureuse, Pair de France, Gouuerneur & Lieutenant general pour le Roy és païs de haute & basse Auuergne, & païs de Combraille, à present grand Chambellan de France.

PORTE escartelé, au premier & dernier de Lorraine cy-
dessus blasonné escartelé. Au second & 3. de Neuers, qui est
escartelé, au premier & quatriesme de gueules à l'escarboucle
fleuronné & pommeté d'or, qui est de Cleues ; patti de la
Marck, qui est d'or à la face echiquetée d'argent & de gueules de 3. traicts : au second & troisiesme de Bourgongne mo-
derne, qui est de France à la bordure componée d'argent &
de gueules.

Cimier, &
Supports, de la maison de Lorraine comme cy-dessus.

CESAR DE VENDOSME DVC DE
Vendosme, de Beau-fort, & d'Estampes,
Gouuerneur de Bretagne.

Porte de France au baston de gueules peri en bande, chargé de trois lyonceaux d'argent.

CHARLES DE VALOIS DVC

d'Angoulesme, Pair de France, Comte d'Auuergne, & Colonel general de la Caualerie legere de France.

Porte de France au baston d'or posé en barre.

CHARLES DE LORRAINE DVC
d'Elbœuf, Pair de France.

PORTE de Lorraine comme cy-deſſus en Charles Duc de Guiſe, à la bordure de gueules.

Cimier, &

Supports de Lorraine, comme cy-deſſus.

HENRY DVC DE MONTMORENCY
& de Damuille, Pair & Admiral de France,
Gouuerneur de Languedoc.

PORTE

PORTE d'or à la croix de gueules, cantonnée de seize alerions d'azur.

Cimier, vn chien courant d'argent.
Supports, deux Anges.

CHARLES SIRE DE CREQVI PRINCE
de Poix, Comte de Sault, Conseiller d'Estat, Capitaine de cent hommes d'Armes, Maistre de Camp du Regiment des Gardes du Roy, & Lieutenant general du Gouuernement du Dauphiné, à present Mareschal de France.

PORTE couppé, au premier du chef d'or à deux lions leopardez de gueules, qui est de Blanchefort, parti d'or au loup rauissant & rampant d'azur armé de gueules, qui est d'Agoult. La poincte tiercée : le premier d'azur à trois tours d'or, 2. & 1. qui est de Montauban : le second d'azur à vn pal de trois pieces d'or au chef de mesme qui est de Vaise, le troisiesme & dernier d'or à 2. lions leopardez d'azur, qui est de de Monlor : sur le tout de Créqui, qui est d'or au crequier de gueules.

I

Cimier, deux Cignes affrontez d'argent, tenants en leur bec vn anneau d'or.

Supports, deux Sauuages de carnation.

HENRY DE SCHOMBERG COMTE
de Nantueil, Gouuerneur de la haute & basse Marche, & pays de Limosin.

PORTE d'or au lion couppé de gueules & sinople.

Cimier, vne teste de lion de gueules.
Supports, de mesme.

FRANCOIS DE BASSOMPIERRE
Colonel general des Suisses, à present Mareschal de France.

PORTE d'argent au chevron de trois pieces de gueules.

Cimier, vn Escusson de ses Armes, supporté d'vn vol d'argent.

Supports, deux Cignes d'argent couronnez d'or, membrez & becquez de sable.

THINOLEON D'ESPINAY SEIGNEVR
de sainct Luc, Comte d'Estelan, Conseiller d'Estat, Capitaine de cent hommes d'Armes, Gouuerneur de Broüage & Isles de Xaintonge, Mareschal des Camps & Armees de sa Majesté.

PORTE escartelé, au premier & 4. d'argent au cheuron d'azur chargé de vnze bezans d'or, qui est d'Espinay. Au 2. quartier escartelé, au premier de gueules à la face d'or au chef echiqué d'argent & d'azur de trois traicts, qui est de Sains : au 2. de Flauy, qui est d'hermines à la croix de gueules chargée de cinq quintefeuilles d'or : au 3. de gueules semé de trefles d'or à 2. bars adossez de mesme, qui est de Nesle : au 4. d'argent à la croix de gueules chargée de cinq coquilles d'or, qui est de Hangest. Au 3. grand quartier de gueules à 3. faces d'or, qui est de Grouches Riboua, party de Cossé, qui est de sable à 3. faces danchees d'or, par le bas d'or.

Supports, deux Licornes d'argent.

MELCHIOR MITTE DE CHEVRIERES
Marquis de sainct Chaumont, premier Baron de Lyonnois, Conseiller d'Estat, Capitaine de cinquante hommes d'Armes.

PORTE escartelé, au premier & quatriesme d'argent, au sautoir de gueules, à la bordeure de sable, chargée de 8. Fleurs

de lys d'or, qui est de Mitte : au second de Miolans, qui est
bandé d'argent & de gueules de six pieces : au 3. de gueules, à
l'Aigle esployé d'argent, qui est de Roussillon : sur le tout d'argent à la face de gueules, parti d'azur, qui est de S. Chaumont.

Cimier, vn Aigle d'or.

Supports, deux Aigles de mesme.

NICOLAS DE L'HOSPITAL MARQVIS
de Vitry, Mareschal de France, & Lieutenant
general au Gouuernement de Brie.

PORTE escartelé, au premier de Naples, au 2. d'Aragon :
au troisiesme de la Chastre, qui est de gueules, à la croix ancrée
de vair : au quatriesme de sable à 2. Leopards d'or, qui est de
Rouhault, parti de facé d'or & de gueules de dix pieces, qui
est Voluire Rufec, soustenu de Monbazon : sur le tout de
l'Hospital, qui est de gueules, au Coq d'argent, cresté, membré, & becqué d'or, soustenant vn Escusson d'azur chargé
d'vne Fleur de lys d'or.

Cimier, vne teste de coq arachée d'argent.

Supports, deux Anges.

FRANCOIS DE L'HOSPITAL SEIGNEVR
du Hallier, Conseiller d'Estat, Sous-lieutenant de la Compagnie du Roy, & Capitaine des Gardes du Corps de sa Maiesté, & de Fontaine-bleau.

PORTE escartelé, au premier de Naples, au second d'Aragon, au troisiesme de Brichanteau, au quatriesme de la Chastre: sur le tout de l'Hospital, comme cy-dessus.
Cimier, vne teste de Coq arachée d'argent.
Supports, deux Lions d'or.

CESAR AVGVSTE DE BELLEGARDE
Baron de Termes, grand Escuyer de France.

PORTE escartelé, au premier d'azur au lion couronné d'or, qui est de sainct Lary : au 2. d'or à 4. pals de gueules, qui est d'Aragon : au 3. de gueules au vase d'or qui est d'Orbessan : au 4. d'azur, à 3. demi pals flamboyants d'argent, partants du pié de l'Escu, qui est de Termes : sur le tout d'azur à la cloche d'argent, qui est de Belle-garde, au lambel de gueules posé en chef.

Supports, deux lions d'or.

GVILLAVME DE L'AVBESPINE CHEVALIER,
Baron de Chasteau-neuf sur cher, Seigneur de Beauuais & Rossoy, Conseiller du Roy en son Conseil d'Estat, Commandeur & Chancelier des Ordres de sa Majesté.

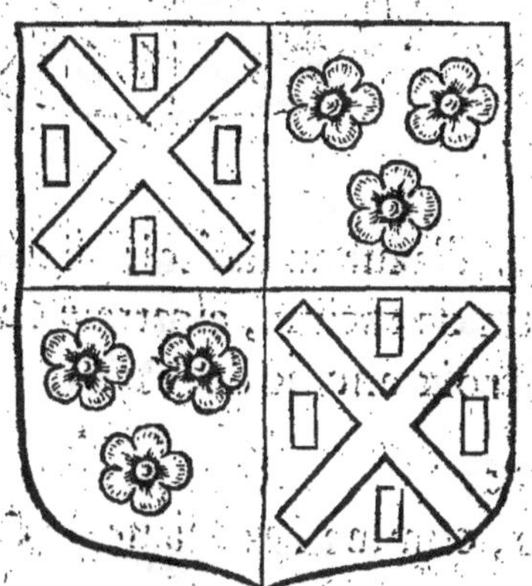

PORTE escartelé, au premier & quatriesme d'azur au saultoir alizé d'or, cantonné de quatre billettes de mesme : au deuxiesme & troisiesme de gueules à trois fleurs d'Aubespine d'or, 2. & 1.

Cimier, vn lion naissant d'or, tenant vne hache de gueules.

Supports, deux Austruches au naturel.

CHARLES DE L'AVBESPINE SIEVR

de Preaux, Conseiller du Roy en son Conseil d'Estat, &
son Ambassadeur extraordinaire vers l'Empereur, Commandeur & Chancelier des Ordres de sa Majesté, par la
demission du sieur de Chasteau-neuf son pere.

PORTE d'azur au saultoir alizé d'or, accompagné de
quatre billetes de mesme, escartelé de la Chastre, qui est de
gueules à la croix ancrée de Vair.

Cimier &

Supports, comme Monsieur de Chasteau-neuf son pere.

FIN.

V